Da Bossa Nova à Tropicália

Santuza Cambraia Naves

Da Bossa Nova à Tropicália

2ª reimpressão

ZAHAR

A Paulo Henriques Britto e
Maria Isabel Mendes de Almeida

Jorge Zahar Editor Ltda.
rua Marquês de S. Vicente 99 – 1º
22451-041 Rio de Janeiro, RJ
tel. (21) 2529-4750 / fax (21) 2529-4787
editora@zahar.com.br
www.zahar.com.br

Pesquisa iconográfica: Thais Medeiros

Capa: Sérgio Campante
Vinheta da coleção: ilustração de Debret

Composição eletrônica: TopTextos Edições Gráficas Ltda.

2ª reimpressão: 2012

CIP-Brasil. Catalogação-na-fonte
Sindicato Nacional dos Editores de Livros, RJ

Naves, Santuza Cambraia, 1952-
N243d Da Bossa Nova à Tropicália / Santuza Cambraia Naves. — Rio de Janeiro: Zahar, 2001.
il. — (Descobrindo o Brasil)

Inclui bibliografia
ISBN 978-85-7110-592-8

1. Música popular – Brasil – História e crítica. 2. Bossa-Nova – História e crítica. 3. Tropicália (movimento musical). I. Título. II. Série.

CDD: 784.500981
04-1906 CDU: 78.067.26(81)

Sumário

Créditos das ilustrações

2, 3, 4, 5, 6 e 8. Acervo do Arquivo Nacional. Imagem 3: foto de Paulo Lorgus.

7 e 9. Acervo Arquivo/Agência O Globo.

1. Arquivo pessoal de Roberto Menescal. Imagem gentilmente cedida.

Introdução mínima

> No dia em que a bossa nova inventou o Brasil,
> No dia em que a bossa nova pariu o Brasil,
> Teve que fazer direito
> Teve que fazer Brasil
>
> *Tom Zé e Vicente Barreto*

Ao acenar para um tema tão amplo — da bossa nova à tropicália —, adotei o critério de apontar determinadas linhas de criação musical que, ao longo dos anos 60, deram continuidade, de uma forma ou outra, à estética bossa-novista. Não me proponho, portanto, neste livro, a exaurir informações sobre quem foi quem na vida musical do país nesse período, tampouco a esgotar o rol de pessoas que contribuíram para as criações musicais. Isso explica algumas ausências, como a da Jovem Guarda, que merece um livro próprio. Tenho consciência das dificuldades deste recorte, que, ao tentar selecionar linhas estéticas, corre o sério risco de empobrecer a discussão e não perceber sutilezas reveladoras do nosso ecletismo musical. Um bom exemplo deste problema é a figura de Roberto Carlos, que concilia o título de "rei" da Jovem Guarda com o de intérprete identificado com o estilo de cantar inaugurado por João Gilberto. Em outras palavras, é próprio da cultura popular a prática dessa promiscuidade estilística, o que a torna, sem dúvida, vital. No caso brasileiro, como em outros, há uma longa tradição de os gêneros musicais trocarem informações entre si.

Outras tendências, como o samba considerado "tradicional", também não foram mencionadas por terem passado ao largo das inovações promovidas pela bossa nova. Também neste caso vejo uma série de problemas, pois o rótulo "tradicional", na maioria das vezes instituído pelos próprios sambistas, tende a ocultar experimentações profundas no âmbito musical e mesmo a mascarar a troca de influências entre os diversos gêneros. Entretanto, necessitando de um recorte, recorri a um procedimento largamente difundido entre os antropólogos e me guiei pelas classificações nativas. Neste caso, se os nativos se dizem "tradicionais" e "puros" de contaminação estrangeira, vale o que foi dito.

Este livro foi dividido em quatro partes. Na primeira, analiso o estilo musical da bossa nova e suas figuras paradigmáticas. Procuro mostrar as correspondências entre o intimismo introduzido na música popular pela estética bossa-novista e as concepções de modernidade que vigoravam no período (final dos anos 50 e início dos 60) nos planos da política e da cultura. Na segunda parte, concentro-me nos gêneros musicais que se desenvolveram nos anos 60 a partir da bossa nova, buscando entender as peculiaridades de determinadas tendências — sem o propósito, no entanto, de esgotar o rol de compositores e músicos que pontificaram no período. E, seguindo a orientação do capítulo anterior, estabeleço convergências entre os estilos musicais e as percepções do país em cada momento histórico — de "subdesenvolvido" a fértil e rico, sob diversas formas. O terceiro capítulo é dedicado à tropicália, por esta se configurar como um movimento mais amplo que procurou pensar o Brasil através da canção popular. Além de analisar a estética em si, desenvolvo também uma reflexão sobre o projeto cultural tropicalista que, ao conciliar o regional com o universal, coincide com o ideário modernista de Oswald de Andrade. No último capítulo acentuo o aparecimento da atitude crítica, comum tanto aos artistas eruditos quanto aos modernos, no seio da música popular no Brasil.

Bossa nova

Convencionou-se chamar bossa nova o estilo musical que se desenvolveu no Brasil principalmente a partir de 1958. Pelo que se depreende dos diversos relatos de pessoas que participaram dessa tendência, a bossa nova não se constituiu exatamente como um movimento.

"Movimento" — cultural, estético ou político —, no sentido sociológico do termo, pressupõe um projeto coletivo veiculado através de programas, manifestos e atitudes performáticas. E não se pode dizer que os músicos e letristas que criaram o estilo musical bossa-novista — João Gilberto, Tom Jobim, Newton Mendonça, Carlos Lyra, Vinicius de Moraes, Roberto Menescal, Ronaldo Bôscoli e Nara Leão, entre outros — estivessem imbuídos desse tipo de espírito combativo, prontos para liquidar uma estética ultrapassada e fundar uma inteiramente nova, calcada na experimentação formal.

De qualquer maneira, numa pauta mais individualista, os músicos vinculados à bossa nova inventaram um ritmo e uma harmonia inusitados para a época, rompendo com um tipo de sensibilidade há muito arraigada na canção popular brasileira e que se consolidou nos anos 50: a que se associava ao *excesso*, nas suas mais diferentes manifestações. Toda uma tradição da música popular foi rejeitada pelos bossa-novistas. Um dos aspectos dessa tradição consistia nos arranjos aparatosos de violinos e metais, que passaram, desde os anos 30, a substituir os regionais, conjuntos pobres em termos de instrumentação e que apenas serviam de base para orientar o intérprete. Pixinguinha e Radamés Gnattali, ao assumirem a função de arranjadores na gravadora Victor, teriam sido os criadores dessa nova concepção orquestral que se utilizava de uma grande variedade de instrumentos musicais. Assim, em vez da tosca simplicidade dos regionais, a canção popular passou a receber orquestrações ricas de sopros e cordas, em que os instrumentos não eram mais utilizados para "dar o tom" e sim, de maneira contrapontística, para possibilitar uma relação mais complexa entre o intérprete e os instrumentos.

Também fazia parte dessa estética excessiva a performance dos cantores e a interpretação, em termos tanto vocais quanto instrumentais. Os cantores, principalmente nos anos 40 e 50, obedeciam ao estilo operístico, soltando a voz ao máximo e exibindo-a com floreios os mais variados. Com relação à sua apresentação, era comum o cantor construir uma *persona* exuberante, recorrendo a trajes reluzentes e a uma postura teatral. O palco — principalmente o da Rádio Nacional, onde se afirmaram vários talentos — era um espaço em que a figura do intérprete era mitificada, o que criava uma enorme distância entre o artista e o espectador.

Os gêneros musicais então em voga sofriam bastante a influência do tango, do bolero e das baladas norte-americanas e européias, resultando numa proliferação de estilos, desde o mero pastiche de canções estrangeiras (ou a versão dessas canções para o português) a um desenvolvimento criativo dessas influências na sua junção com o samba. De modo semelhante, as *personas* artísticas não obedeciam a um modelo único. Enquanto a Rádio Nacional produzia astros de grande popularidade, como Marlene, Emilinha Borba, Ângela Maria, Cauby Peixoto e outros, as boates de Copacabana, afeitas a uma linha mais intimista, contratavam cantores que interpretavam sambas-canções dramáticos, porém afinados com o ambiente sofisticado dos *night clubs*. As letras desfiavam um rosário de queixas, de dores-de-cotovelo derramadas. No entanto, vários compositores que adotaram esta linha, como é o caso de Dolores Duran, Antônio Maria, Carlos Lyra e Maysa, conseguiram lidar com esta temática através de uma linguagem coloquial que contrastava com o estilo rebuscado e parnasiano das letras de boleros e tangos abrasileirados. A forma musical destes compositores também se mostrava diferente dos sambas-canções convencionais, com criações melódicas e harmônicas que fugiam ao padrão já estereotipado do gênero, fortemente referenciado a uma estética que primava pelo exagero melódico e por uma harmonia previsível, envolvendo seqüências óbvias de acordes. E, obedecendo a esse espírito intimista, os intérpretes conferiam às canções um tom cético e convergente com o espírito existencialista da época. Os temas dramáticos eram matizados com pitadas de ironia.

O fato é que os músicos bossa-novistas passaram a considerar o repertório anterior de sambas-canções e tangos abrasileirados melodramáticos e inadequados aos novos tempos. Imbuídos de uma atitude experimental, voltaram-se, embora de maneira anárquica, para a pesquisa de um estilo musical compatível com as novas linguagens que se desenvolviam tanto no exterior (principalmente a do *jazz* norte-americano) quanto no Brasil, particularmente no Rio. Entre os músicos que criaram o novo estilo musical, João Gilberto (nascido em Juazeiro, na Bahia, em 1931) se destaca ao buscar, ao longo dos anos 50, no Rio de Janeiro, uma experiência estética diferente da que se vivenciava até então. E, de fato, João introduz, a partir de uma releitura do samba tradicional, não só uma harmonia peculiar como também uma maneira não-usual de lidar com a voz e o violão. Uma e outro se integram, provocando uma tensão criativa; dessa maneira, o violão já não atua apenas como acompanhamento. A grande orquestra é substituída por um conjunto menor, mais camerístico: violão, piano, percussão e baixo. Também a voz segue este parâmetro intimista, passando a se colocar de outra maneira: é uma voz pequena, que dialoga com o instrumento musical em vez de exibir sua própria potência.

Os músicos que viveram esse momento são unânimes em relatar que havia "algo no ar", como se, coincidentemente, todos procurassem por novidades em termos musicais. Todos eles, também, reconhecem a liderança de João Gilberto no processo criativo da bossa nova, particularmente com relação à famosa "batida" que ele inventa no violão e à sua maneira de cantar à meia voz, com um *timing* perfeito e nenhuma ênfase emotiva. As músicas inaugurais da bossa nova são profundamente transformadas pela interpretação de João Gilberto, embora não sejam de sua autoria — é o caso de "Desafinado" (de 1958) e "Samba de uma nota só" (de 1960), ambas de Tom Jobim e Newton Mendonça. Estas canções introduzem um tipo de procedimento em que letra e música, ao mesmo tempo em que se comentam mutuamente, aludem às novidades musicais.

"Desafinado", por exemplo, permite, pelo menos dois tipos de leitura: para um ouvido menos atento às inovações musicais, trata-se de uma canção sentimental, embora se lide com a temática amorosa de maneira *cool*, irônica e sofisticada; para alguém habituado às experimentações jazzísticas, letra e música, em franca interação, remetem a experimentos vanguardistas que violam os padrões convencionais de recepção musical. Por exemplo, no momento exato em que se pronuncia a sílaba tônica da palavra "desafino", surge no plano da música um acorde imprevisto, sendo a nota seguinte um semitom abaixo do que seria de se esperar (uma *blue note*, para empregar a terminologia jazzística). Assim, toda a passagem representa uma transgressão aos padrões harmônicos da música popular convencional. "Samba de uma nota só", de maneira semelhante, é concebida minimalisticamente: a estrutura musical, restrita a poucas notas, faz jus ao texto contido, em que questões amorosas se mesclam com comentários musicais.

Ao interpretar as canções citadas, João Gilberto inaugura um estilo conciso e racional que rompe com formas musicais anteriores; em outras palavras, ele dá forma à bossa nova. "Chega de saudade", de Tom Jobim e Vinicius de Moraes, é um exemplo significativo de composição que sofre uma mudança radical ao ser interpretada pela voz e violão de João Gilberto em 1959. Na gravação original de Eliseth Cardoso, no LP *Canção do amor demais*, de 1958, "Chega de saudade" tinha um tratamento orquestral ainda atado às concepções musicais dos anos 40, com violinos ao fundo. Além disso, a música recebeu de Eliseth uma interpretação dramática, despida da leveza da sensibilidade bossa-novista. Na leitura de João Gilberto do ano seguinte, voz e violão substituem a profusão de instrumentos da gravação de Eliseth. Não se trata, entretanto, de uma questão apenas de escolha de instrumentos, mas da maneira articulada de usá-los, criando um tipo de divisão harmônica em que a voz não coincide exatamente com o acompanhamento do violão, de modo que a linha melódica está ora ligeiramente adiantada, ora ligeiramente atrasada em relação ao ritmo marcado pelo instrumento. João Gilberto passa a encarnar uma nova categoria de intérprete: o que não concebe o canto sem o instrumento (no caso, o violão).

A trajetória de João Gilberto no Rio de Janeiro dos anos 50 é marcada pela obsessão por criar uma forma musical compatível com a sua visão do mundo "moderno", que se configuraria — a se depreender do seu projeto musical — como um momento histórico marcado pela simplicidade, exigindo o despojamento como princípio estético básico. João Gilberto incorpora repertórios tradicionais, recriando, rítmica e harmonicamente, sambas de diversos autores através da fusão com o *jazz* camerístico, que passou a ser apreciado com o aparecimento do *cool jazz*.

De acordo com músicos que participaram da criação do novo estilo, João Gilberto teria exercido, no final dos anos 50, um certo tipo de ascendência sobre Tom Jobim, no sentido de iniciá-lo nos procedimentos bossa-novistas. Esta afirmação faz sentido na medida em que a trajetória musical de Tom (nascido no Rio de Janeiro em 1927) é marcada, desde os anos 40, por diferentes experimentos musicais, tanto "eruditos" (sinfônicos e camerísticos) quanto "populares" (os mais diversos gêneros). Além de se mostrar eclético na escolha de gêneros e estilos, Tom sempre foi avesso a um tipo de instrução musical em moldes mais institucionais, o que o levou, desde jovem, ao aprendizado com professores particulares que lhe propiciassem um ensino menos comprometido com as normas acadêmicas da Escola Nacional de Música.

Assim, ele iniciou sua formação musical, aos 13 anos, com Hans Joachim Koellreutter, músico alemão refugiado do nazismo que introduziu o dodecafonismo no Brasil. (O dodecafonismo, criado por Arnold Schoenberg entre 1912 e 1922, é um método revolucionário de composição, proposto como uma substituição à tradicional tonalidade, segundo o qual cada peça se estruturaria em torno de uma determinada seqüência dos doze tons.) Koellreutter ensinou a Tom noções de harmonia e contraponto clássicos, além de técnicas de execução no piano. Ao longo de seu aprendizado, Tom recorreu a outros professores que se identificavam com as novas tendências, dentre os quais se destaca Tomás Gutierrez de Terán, músico espanhol que se radicou no Brasil em função de suas ligações com o projeto modernista de Villa-Lobos.

Tom Jobim teve uma formação musical erudita, embora trilhasse esse caminho por vias vanguardistas. Talvez o acaso, fantasiado de necessidade, o tenha encaminhado, desde o início dos anos 50, para o universo da música popular. Seu primeiro ganha-pão foi tocar piano em boates de Copacabana; algum tempo depois empregou-se na gravadora Continental, onde passou a escrever partituras para compositores e a fazer arranjos para orquestra. E a partir daí iniciou o procedimento — a que deu continuidade ao longo de sua vida — de realizar os mais variados experimentos na canção popular.

É interessante observar que as figuras que mais se destacaram na criação da bossa nova exibiam, ao se encontrarem nos final dos anos 50, sensibilidades diferentes. Se João Gilberto buscava um estilo intimista, Tom Jobim, embora versátil enquanto compositor, já aparecia no cenário bossa-novista com uma estética bastante marcada pelo excesso. Se João adotava uma postura mais camerística, Tom se voltava para os recursos sinfônicos. É como se ambos interpretassem o momento histórico em que viviam de maneiras diferentes: João à maneira construtivista que marcava a década, tanto na literatura quanto na arquitetura e nas artes plásticas, e Tom a partir do ponto de vista do modernismo musical, representado, por exemplo, por Villa-Lobos.

Dito de outro modo, o gosto de João Gilberto pela concisão converge com as propostas da poesia concreta, esboçadas pelos poetas paulistas Augusto e Haroldo de Campos e Décio Pignatari nos anos 50. Sem pretender reificar as interpretações do crítico, é importante lembrar que o próprio Augusto de Campos, em artigo dos anos 60 sobre a bossa nova (publicado em 1968 em *Balanço da bossa*, coletânea de artigos de crítica musical), admitia afinidades entre a poesia concreta e a bossa nova, principalmente pelo fato de ambas as estéticas operarem com a *concisão*, a *objetividade* e a *racionalidade*. Tanto uma como a outra teriam promovido uma ruptura com tradições anteriores associadas ao excesso.

No caso da poesia concreta, o repúdio aos arroubos românticos, derivados da concepção de poesia como expressão de uma subjetividade, estendia-se à rejeição da discursividade e da sintaxe tradicional, privilegiando uma linguagem sintética, próxima da empregada pela publicidade moderna. Em se tratando da bossa nova, o que era rejeitado era a diluição do operismo na música popular, com o seu sentimentalismo piegas; de igual modo, não mais se concebia a criação de arranjos musicais com violinos plangentes ao fundo.

Quanto a Tom Jobim, já havia em sua trajetória uma tendência a dar continuidade, dentro do campo popular, a uma tradição musical "erudita" muito marcada pelo modernismo nacionalista de Villa-Lobos. Trata-se de uma tradição que recorre ao excesso — tanto sinfônico quanto coral — como forma de representar um Brasil exuberante, pujante em seus elementos físicos e culturais. Alguns músicos aparecem como mediadores entre Villa-Lobos e Tom Jobim nesse procedimento, como é o caso de Tomás Terán e Radamés Gnattali. Tom veio a ter contato mais estreito com Radamés em 1954, por ocasião da gravação da *Sinfonia do Rio de Janeiro* (Tom Jobim-Billy Blanco), em que Radamés se encarregava dos arranjos, e no ano seguinte, na Continental, onde Tom se tornou discípulo de Radamés na arte de orquestrar composições populares. Porém, mais do que uma mera questão técnica de instrumentação, Tom passou a compartilhar com o mestre duas atitudes: uma, a de transitar com desenvoltura — como músico, compositor e arranjador — pelos domínios do erudito e do popular; outra, a de se permitir experimentar os mais diversos estilos, operando tanto no registro da *simplicidade* quanto na estética do *excesso*.

Mas o fato é que, guardadas as diferenças de sensibilidade entre João Gilberto e Tom Jobim, Tom se sentiu atraído pelas experimentações da bossa nova. Isto é revelador, por um lado, de sua flexibilidade e ecletismo como músico e compositor, já que desde o início de sua carreira nunca mostrou um perfil musical definido por um único tipo de sensibilidade. De fato, a tendência de Tom ao excesso se manifestou desde cedo, principalmente se consideramos os relatos sobre os seus exercícios musicais, no final dos anos 40, com obras de Gershwin, Ravel, Debussy e Villa-Lobos, entre outros, e o seu entusiasmo pela descoberta dos compositores russos Rachmaninoff, Prokofiev e Stravinsky. Porém, mesmo quando trabalhava neste registro, jamais incorria numa ostentação vulgar de artifícios vazios; pelo contrário, valorizava os acordes (a harmonia), num rigoroso processo de seleção das notas. E, apesar desta vocação para a produção de composições exuberantes, ao estilo sinfônico, Tom também se sentia muito à vontade para criar peças mais intimistas. João Gilberto e Tom Jobim se complementavam, portanto, com suas contribuições específicas: João entrou com o *ritmo*, a *batida* bossa-nova, e Tom, com a sua *harmonia* requintada.

A bossa nova permite diversas leituras, principalmente por parte dos músicos que participaram da tendência. Se há uma unanimidade entre eles quanto à liderança de João Gilberto, cada um destaca procedimentos diferentes com relação às tradições incorporadas. Por exemplo, todos admitem a influência do *jazz* mais requintado que se desenvolve nos Estados Unidos a partir dos anos 40 — do *bebop* ao *cool jazz* — sobre os músicos que se propõem a recriar o samba nativo. Porém alguns, mais do que outros, reconhecem o impacto do bolero, principalmente o desenvolvido no México, com Lucho Gatica, que em seu LP *Inolvidable* recorria apenas a dois instrumentos — violão e baixo — para o arranjo, rompendo com a tradição do bolero de utilizar grandes orquestrações.

É também comum os músicos bossa-novistas verem de maneira carinhosa o repertório anterior de sambas-canções, embora sempre haja quem distinga, dentro dessa tradição, os mais "sofisticados" e os "melodramáticos". Compositores reconhecidos à época, como Antônio Maria e Dolores Duran, incorriam nos dois procedimentos, ora adotando uma linguagem coloquial, referenciada à sensibilidade moderna, ora assumindo o espírito desalentado dos mal-amados e solitários, desenvolvendo a tragicidade típica do bolero.

Dick Farney também é sempre citado, com a sua maneira *cool* de interpretar esse tipo de música, denominado "bolero brasileiro".

Carlos Lyra (nascido no Rio de Janeiro em 1936) é um dos compositores que viveram essa transição, criando músicas nos dois estilos. Em depoimento para esta pesquisa, Lyra arrolou uma gama variada de influências sofridas pela bossa nova: o bolero mexicano, o impressionismo de Ravel e Debussy, o *jazz* desenvolvido por Gershwin, Cole Porter, Richard Rodgers, Larry Hart e vários outros compositores. Às influências estrangeiras somam-se as misturas brasileiras de samba, xaxado e valsa, além de outros ritmos. Segundo Lyra, se João Gilberto é mais identificado como cantor de samba, existem outros ritmos dentro da bossa nova, da valsa ao baião. Edu Lobo, também em entrevista que nos foi concedida, chegou a questionar a ênfase excessiva que se dá ao *jazz* como elemento formador da bossa nova, pois esse estilo musical sofreria também a influência de compositores mais antigos, principalmente Villa-Lobos.

Não há também como não mencionar a figura emblemática e paradoxal de Vinicius de Moraes na ambiência bossa-novista. Ele entra em cena justamente na fase heróica do estilo musical, como letrista de "Chega de saudade", de 1958, em parceria com Tom Jobim. A música não só alcançou grande repercussão depois de gravada por João Gilberto, no ano seguinte, como também se tornou paradigmática da nova tendência, embora o lirismo de sua letra destoasse do experimentalismo da letra de "Desafinado", de Newton Mendonça. Se hoje, porém, o sentimentalismo de uma letra como "Chega de saudade" parece contrastar vivamente com a ironia das canções da dupla Jobim-Mendonça, é importante ressaltar que o texto de Vinicius nada deixa a desejar quanto à interação inteligente com a música. A canção se divide em duas partes claramente definidas, sendo a primeira em modo menor (tradicionalmente associado à tristeza) e a segunda em modo maior (associado à alegria); adequadamente, a letra começa tratando do tema da dor da separação, e a entrada do modo maior é assinalado pelo verso que fala da esperança do retorno da mulher amada: "Mas se ela voltar..."

Vinicius, de fato, participa da bossa nova, embora seja difícil rotulá-lo a partir de uma tendência musical específica. Se levamos em conta o temperamento dionisíaco e extremamente "quente" do compositor, percebemos que os aspectos emocionalmente contidos da bossa nova não se harmonizam com sua imagem de boêmio e apaixonado por todas as informações que vêm dos mais diferentes redutos, dos refinados aos populares. Ao trocar o status de poeta erudito pela condição de letrista popular, o que faz desde os anos 50, quando passa a ter mais contato com os músicos populares, Vinicius não busca um meio-termo; aliás, a moderação não é de seu feitio. Procura, pelo contrário, entrar em profunda comunhão com a linguagem e a companhia pouco "elevadas" dos sambistas, se comparadas com o mundo da diplomacia, onde atuava, e o dos poetas livrescos.

A fase "heróica" da bossa nova, iniciada no final dos anos 50 e caracterizada por uma série de experimentações formais que fundaram um estilo musical bastante referenciado à Zona Sul do Rio de Janeiro, começou a declinar no início da década seguinte, com a introdução de novas informações na canção popular. Isso não significou, entretanto, o fenecimento do estilo. Em primeiro lugar, como veremos no próximo capítulo, a geração que surgiu nos anos 60 levou a sério as lições dos músicos da bossa nova, no sentido de dar continuidade à pesquisa de sons e linguagens musicais. Além disso, a bossa nova alcançou projeção internacional, principalmente a partir de 1962. Foi justamente nesse ano que "Desafinado" ganhou versão instrumental com o saxofonista Stan Getz e o guitarrista Charlie Byrd (ambos norte-americanos) e que vários músicos brasileiros ligados à bossa nova se apresentaram no Carnegie Hall, em Nova Iorque: João Gilberto, Tom Jobim, Luiz Bonfá, Oscar Castro Neves (e seu conjunto), Agostinho dos Santos, Sérgio Ricardo, Carlos Lyra, o Sexteto Bossa Rio, Roberto Menescal, Milton Banana, Normando Santos, Bola Sete, Carmen Costa, José Paulo (ritmista) e Chico Feitosa.

Ao longo da década, composições da bossa nova foram gravadas nos Estados Unidos por músicos de projeção, entre eles Ella Fitzgerald, Miles Davis, Sarah Vaughan, Herbie Mann e Gerry Mulligan. Em 1967, Tom Jobim grava com Frank Sinatra, na Califórnia, o LP *Francis Albert Sinatra & Antonio Carlos Jobim*. Grande parte das composições que Sinatra interpreta nesse disco são de autoria de Tom: duas em parceria com Aloysio de Oliveira ("Dindi", de 1959, e "Inútil paisagem", de 1964); três com Vinicius de Moraes ("O amor em paz", de 1961, "Garota de Ipanema", de 1962, e "Insensatez", de 1963); uma com Newton Mendonça ("Meditação", de 1960); e "Corcovado", também de 1960, com letra e música do próprio Tom. "Garota de Ipanema", depois da interpretação consagradora de Sinatra, ficou conhecida nos quatro cantos do planeta e é uma das músicas mais tocadas. Tanto para os ouvidos estrangeiros quanto para o grande público nacional, tornou-se uma canção emblemática da bossa nova.

Depois da bossa nova

Passado o período inicial da bossa nova, os primeiros anos da década de 60 começaram a trazer novidades em termos musicais. Não se tratava, entretanto, da criação de estilos que a suplantassem, e sim, mais propriamente, da utilização de novos temas a partir de derivações do ritmo e da harmonia bossa-novistas. Com relação à temática, tanto poética quanto musical, houve realmente uma ruptura. O espírito solar das canções da bossa nova, adequados à paisagem da Zona Sul carioca, com "garotas de Ipanema", "barquinhos", flor e amor, foi substituído ora por um clima cáustico e árido do sol a pino nordestino, ora por sensibilidades quentes e úmidas de sabor fortemente africano. É como se o cosmopolitismo inaugurado pela bossa nova cedesse terreno a uma linha mais étnica, voltada para elementos que pudessem configurar alguns traços da identidade nacional.

Ao mesmo tempo, e de uma maneira não circunscrita à temática nacional-popular, nem mesmo à sensibilidade bossa-novista, desenvolvia-se em Copacabana — mais precisamente na rua Duvivier, em um espaço que concentrava três boates (Bacará, Bottle's e Little Club) e que passou a ser conhecido a partir do final dos anos 50 como Beco das Garrafas — um tipo de experimentação musical que se afastava muito do tom intimista da bossa nova, a ponto de, segundo alguns, constituir uma "traição".

Entre instrumentistas e cantores, os músicos que se apresentavam no Beco — como o Sexteto Bossa Rio (Sérgio Mendes no piano, Paulo Moura no sax, Pedro Paulo no pistom, Otávio Baily no contrabaixo, Dom Um Romão na bateria e Durval Ferreira no violão),

Bossa 3 (Luís Carlos Vinhas no piano, Tião Neto no contrabaixo e Edison Machado na bateria), Tamba Trio (Luizinho Eça no piano e voz, Bebeto Castilho no contrabaixo, flauta, sax e voz, Helcio Milito na bateria, percussão e voz), o saxofonista Raul de Souza, os cantores Elis Regina, Jorge Ben, Wilson Simonal e Leny Andrade, entre outros — desenvolveram um estilo musical que utilizava uma profusão de instrumentos jazzísticos e recorria a um tipo de interpretação bastante diferente da enunciada e criada por João Gilberto. No plano instrumental, certos instrumentos dispensados pelos bossa-novistas, como os pratos e as baterias, voltam à cena. E os cantores que lá se projetaram, como Elis Regina e Wilson Simonal, entre outros, fugiam ao estilo comedido de João Gilberto e Nara Leão.

A programação do Beco se abria também para as mais diferentes performances. Luís Carlos Miéle e Ronaldo Bôscoli criaram e dirigiram várias apresentações, sob a forma de *pocket-show*, de humorísticas a coreográficas, que fugiam do estilo bossa-novista do banquinho e violão. Era comum uma apresentação musical ser intercalada com a declamação de um texto literário ou extraliterário, com tiradas humorísticas ou com espetáculos de dança.

Em depoimento para este livro, Miéle salientou as diferenças entre as estéticas do Beco e da bossa nova. Segundo ele, o Beco não era exatamente o lugar onde se criava bossa nova. Explicam-se, desse modo, algumas ausências no local, como Roberto Menescal, que nunca teria ido lá, e Carlinhos Lyra, que teria ido poucas vezes. Ao contrário da bossa nova, que privilegiava a *canção* (letra e música), os artistas do Beco lidavam com música *instrumental*, levando os solistas a serem mais venerados do que os cantores. Raul de Souza, por exemplo, atraía muito mais público que Leny Andrade. E ao contrário da bossa nova, que valorizava o camerismo, os músicos do Beco se interessavam pela formação de bandas com um grande número de integrantes.

Aparecem neste mesmo momento configurações musicais na linha afro, desenvolvidas por músicos muito diferentes entre si — como Jorge Ben e Baden Powell — que dificilmente se pode dizer que são tributárias da bossa nova. Baden desenvolvia suas criações musicais desde menino, como compositor e instrumentista. Mas se torna realmente conhecido a partir do início dos anos 60, quando começa a compor, em parceria com Vinicius de Moraes e sob a influência de ritmos baianos (pontos de candomblé, rodas-de-samba e toques de capoeira), uma série de músicas que os autores denominam de "afro-sambas", como "Canto de Xangô" (1966), "Tristeza e solidão" (1965), "Bocoché" (1965) e "Canto de Ossanha" (1966), entre outros. Sua trajetória, ao contrário dos músicos da bossa nova, que recebem forte influência do jazz norte-americano e do bolero mexicano, segue a linha européia, mais especificamente a dos violonistas espanhóis de orientação modernista. O que Baden compartilha com os músicos populares de seu tempo é a predisposição para misturar diferentes gêneros musicais.

Jorge Ben (que em 1989 mudaria seu nome para Jorge Benjor), depois de uma incursão pelo *rock*, despontou no cenário musical do Rio de Janeiro principalmente a partir de 1961, quando começou a se apresentar no Beco das Garrafas como instrumentista. Só em 1963, entretanto, teve as suas composições — "Tudo azul", "Mas que nada" e "Por causa de você" — gravadas por Zé Maria, organista de um conjunto que se apresentava no Little Club. De maneira semelhante a Baden, Jorge Ben se distingue dos músicos de sua geração por fazer uma mistura musical — *rock* e samba — pouco atenta às lições da bossa nova. Como observa Nelson Motta em *Noites tropicais*, o violão de Jorge Ben é muito diferente do de João Gilberto. Descrevendo a primeira noite em que viu Jorge Ben se apresentar no Bottle's Bar, Nelson registra as suas impressões sobre o "mulato forte e bonito" que, se "não tinha nada de jazzístico", também não tinha nada de João Gilberto, pois, em vez de dedilhar o instrumento, "tocava-o vigorosamente com a mão inteira, rítmico e percussivo à maneira dos bluesmen".

Quanto à virada da estética musical para um cunho regionalista, ela corresponde, em grande medida, às transformações em curso no cenário político e cultural do país. A estética da bossa nova, com seu aspecto solar, harmonizava-se com o otimismo que marcou o governo Juscelino Kubitschek e sua utopia desenvolvimentista representada pela construção de Brasília, a "capital do futuro". A arquitetura de Oscar Niemeyer era informada pela mesma concepção construtivista que orientava o concretismo e o neoconcretismo nas artes plásticas e na poesia, no sentido de buscar uma integração estética com o mundo da indústria e da comunicação de massa. Num primeiro momento, as vanguardas construtivistas assumiam o mundo contemporâneo, já que acreditavam que o modelo de sociedade industrial tinha se tornado hegemônico e seguia sua marcha inexorável, principalmente a partir da I Guerra Mundial. Por outro lado, partiam do pressuposto de que tal modelo não se encontrava concluído; pelo contrário, o que se delineava era um mundo — singular, projetado e almejado — em construção.

No caso brasileiro, tratava-se de superar o subdesenvolvimento através de uma postura positiva com relação à indústria e à mídia que permitisse aos artistas intervir nestas esferas em prol de uma transformação na sociedade. Cabia ao artista, portanto, participar do novo mundo que então se descortinava, e não ficar preso às idealizações provenientes de nossa tradição acadêmica e humanista, que alçava a cultura a um estatuto elevado e só acessível aos postuladores de verdades essenciais e imutáveis.

Na década seguinte (anos 60), novas questões relacionadas às perspectivas desenvolvimentista e nacionalista aqueceram o debate político e cultural, embora tenham sido gestadas a partir de final dos anos 40, principalmente entre intelectuais vinculados à Cepal (Comissão Econômica para a América Latina), preocupados com a nossa condição de "subdesenvolvidos". É nesse contexto que a União Nacional dos Estudantes (UNE) se fortalece e se propõe a intervir cada vez mais nas discussões abrangentes sobre os rumos do país, do que resulta a criação do Centro Popular de Cultura (CPC) em 1961, para abrigar jovens artistas e universitários comprometidos com uma política cultural voltada para um movimento de conscientização e transformação da sociedade brasileira.

O CPC propôs uma arte engajada, ideologicamente comprometida. O anteprojeto do Manifesto do Centro Popular de Cultura postulava, em 1962, a "atitude revolucionária conseqüente" do artista. Rejeitavam-se, nessa proposta, as perspectivas estéticas mais formalistas, por resultarem numa arte consumida por minorias privilegiadas, optando-se por uma estética clara e acessível às massas. Os primeiros anos da década de 60 são, pois, marcados pela busca de uma canção popular participante, em termos políticos e sociais, e ao mesmo tempo afinada com os postulados nacionalistas. Esse cenário cria a categoria de compositores "engajados", que procuram misturar as informações técnicas da bossa nova com os sons populares considerados "tradicionais" e de certa forma condizentes com os ideais de "autenticidade" comuns às propostas nacionalistas. O samba, entre outros gêneros, principalmente nordestinos, é redescoberto então como portador de propriedades intrinsecamente nacionais.

A trajetória de Carlos Lyra é reveladora das mudanças no modo de conceber a relação entre arte e sociedade. Lyra começa sua carreira musical nos anos 50, quando predomina, entre os compositores de viés mais requintado, uma sensibilidade afeita ao samba-canção. Envolve-se, no final da década, na ambiência carioca da bossa nova, apresentando-se em shows universitários ao lado de outros músicos identificados com a nova tendência, como Alaíde Costa, Sylvinha Telles, Roberto Menescal e outros. Entre as músicas que compõe nesta fase destacam-se "Lobo bobo", em parceria com Ronaldo Bôscoli, e "Maria ninguém", ambas gravadas por João Gilberto em seu LP *Chega de saudade*, de 1959. Ao mesmo tempo em que compartilhava com os músicos bossa-novistas a sensibilidade lírica e fazia canções sentimentais, Carlos Lyra se envolvia com projetos políticos. De fato, já em 1960 Lyra se encarrega da parte musical da peça *A mais-valia vai acabar, seu Edgar*, de Oduvaldo Vianna Filho. No ano seguinte conhece Vinicius de Moraes, com quem começa a fazer parcerias em diversas composições, líricas e politizadas.

Em 1961 participou, junto com outros artistas e intelectuais, como Oduvaldo Vianna Filho, Ferreira Gullar e Carlos Estevam, da fundação do CPC da UNE, atuando também como diretor musical da entidade. Essa atividade lhe propiciou o contato — tão almejado pelos membros do CPC — com compositores populares, como Zé Kéti, Cartola, Nelson Cavaquinho, Elton Medeiros e João do Vale. Em 1963, lançou o compacto *O povo canta*, promovido pelo CPC da UNE, visando a arrecadar fundos para a construção do Teatro do Centro. Um dos lados desse disco trazia a "Canção do subdesenvolvido", parceria com Chico de Assis, que teve muita repercussão no ambiente universitário da época. Também em 1963, em companhia de Vinicius (autor das letras das músicas e do texto teatral) e de Nara Leão, que fazia sua estréia como cantora, Carlos Lyra (autor das músicas) apresentou a peça *Pobre menina rica*, que ficou muito tempo em cartaz e passou por vários teatros do Rio de Janeiro. O espetáculo teve Aloysio de Oliveira como diretor-geral e Eumir Deodato como diretor musical. Nesse mesmo ano, Lyra assumiu a direção musical do Teatro de Arena, levando para o seu palco os mesmos músicos populares com os quais estabeleceu contato através do CPC, além de Nara Leão e das meninas que formavam um conjunto vocal que ele batizou com o nome de Quarteto em Cy.

Sérgio Ricardo é outra figura que marca o cenário dos anos 60, não só pelo posicionamento político que assume ao longo da década como também pelo ecletismo, ao conciliar as atividades de instrumentista, compositor, cantor, ator e cineasta. Nascido em Marília, São Paulo, em 1932, onde teve formação de piano erudito, assim que chegou ao Rio ingressou na Escola Nacional de Música da Universidade do Brasil para estudar piano. Além dessas atividades, Sérgio começou a compor e a cantar. Iniciou sua carreira artística no princípio dos anos 50, ao substituir Tom Jobim numa boate em Copacabana, e no final da década passou a ter contato com os músicos da bossa nova que se reuniam em torno de João Gilberto, pelos quais se sentiu profundamente influenciado.

Em 1960 sai o LP *A bossa romântica de Sérgio Ricardo*, pela Odeon, e o artista participa de vários shows de bossa nova. Porém ele já começa a experimentar um novo estilo musical e a se afastar do purismo bossa-novista. Já em 1960 compõe "Zelão", samba que mantém a influência do violão de João Gilberto mas rompe com as imagens recorrentes da bossa nova, facilmente identificáveis com situações da Zona Sul do Rio de Janeiro. Ao contrário da leveza, por exemplo, de "Garota de Ipanema", "Zelão" é uma canção densa, que tematiza uma situação-limite de um personagem popular, um favelado, em nada parecido com o sujeito lírico da canção da bossa nova. Em 1963, dando continuidade à atitude de pesquisar novas formas musicais, Sérgio arranja e compõe a trilha sonora do filme *Deus e o diabo na terra do sol*, a convite de Glauber Rocha. O tema a ser musicado é o mote messiânico dos rebeldes de Canudos, cuja história é contada por Euclides da Cunha em *Os sertões*: "O sertão vai virar mar/ o mar vai virar sertão"; a música criada pelo compositor incorpora ritmos nordestinos. Sérgio Ricardo não esgota, com a composição e o arranjo, sua ruptura com o estilo bossa nova, pois ele mesmo interpreta a canção com uma voz rascante, assumindo plenamente o tom anasalado que tem em comum com o cantador de feira nordestino.

Sérgio dá continuidade a essa estética politizada no cinema e no teatro. Em *O menino da calça branca*, por exemplo, curta-metragem que dirigiu no início dos anos 60 e ficou em segundo lugar no Festival de Cinema de San Francisco de 1962, Sérgio lida com situações do cotidiano dos favelados. "Enquanto a tristeza não vem", tema musical do filme, do próprio Sérgio, exorta a população a cantar porque "nasceu uma rosa na favela". A partir de 1962, Sérgio apresenta-se em shows dirigidos por Chico de Assis, um membro atuante do teatro *agitprop* (isto é, voltado para a agitação política e a propaganda ideológica de inspiração marxista) vinculado ao CPC.

Geraldo Vandré tornou-se uma figura-símbolo da canção de protesto do período, principalmente a partir da apresentação de "Pra não dizer que não falei de flores ou Caminhando", no III Festival Internacional da Canção, em 1968 — apresentação que lhe valeu, além da censura à música, a perseguição política que o levou a se exilar no Chile. Nasceu em João Pessoa (PB), em 1935, e veio para o Rio em 1951, quando passou a investir em sua carreira musical. Envolveu-se com o CPC desde o início do Centro e fez parcerias com Carlos Lyra e outros compositores, como Baden Powell. Vandré só se tornou realmente conhecido do grande público quando venceu, em 1966, o II Festival da Música Popular Brasileira da TV Record, com a música "Disparada" (em parceria com Theo de Barros), interpretada por Jair Rodrigues.

As canções da bossa nova, como vimos, se adequavam a ambientes intimistas; criava-se e ouvia-se bossa nova nos apartamentos da Zona Sul carioca. Já as tendências que se desenvolveram depois envolviam um público maior, de feitio universitário, politizado, que experimentava um tipo diferente de fruição estética. A música popular se deslocou então para os teatros lotados por estudantes ávidos por "mensagens" políticas através da música. Essa mudança na recepção musical passou a exigir um canto mais projetado, diferente do estilo *cool* de João Gilberto. Elis Regina é uma figura bem representativa dessa fase de interpretação mais exteriorizada, aparecendo no cenário como a antítese de Nara Leão, a musa da bossa nova. E nesse novo cenário a estética bossa-novista passa a conviver com a recuperação do excesso.

Tal afirmação pode provocar uma certa perplexidade. Veremos adiante que, na música brasileira, essa estética está sempre associada à afirmação da pujança geográfica e cultural da nação brasileira. Como poderia a linguagem do excesso ser posta a serviço de um discurso político de protesto que ressaltava precisamente a condição de subdesenvolvimento, opressão e pobreza de um país visto como subordinado aos ditames do imperialismo norte-americano? A contradição é apenas aparente: a afirmação de nossa exuberância cultural se tornou uma estratégia importante para apontar os caminhos de nossa redenção. A miséria do povo brasileiro seria uma aberração imposta pela injustiça do sistema capitalista; o Brasil teria tudo para ser uma nação próspera e poderosa. Seria através de uma consciência profunda de nossas potencialidades que conseguiríamos reverter o quadro de submissão cultural e de alienação política. Assim, essa estratégia ideológica adapta a estética da bossa nova às condições culturais do início da década de 60, juntando o ritmo da bossa nova a outras informações musicais — cariocas e nordestinas, como é o caso das canções de Carlos Lyra e Sérgio Ricardo —, prenunciando desse modo o surgimento do construto MPB. Cria-se um tipo de musicalidade que concilia o discurso nacionalista com os aspectos cosmopolitas da base musical da bossa nova. O produto que vai resultar dessa fusão passa a ser encarado como a própria essência da Música Popular

Brasileira, algo que sempre teria existido, a corrente principal em comparação com a qual se identificam tendências novas e desviantes.

O investimento na idéia de MPB como o centro de confluência de questões políticas e culturais se revigora a partir de 1964, associado ao aprofundamento das discussões em curso e, naturalmente, aos impasses criados com o golpe militar. É justamente a partir desta data que se cria, de fato, a categoria "canção de protesto". No final do ano, o Teatro de Arena passa a exibir o espetáculo *Opinião* dirigido por Augusto Boal e escrito e produzido por Oduvaldo Vianna Filho, Ferreira Gullar, Paulo Pontes e Armando Costa. *Opinião* foi apresentado por Nara Leão, figura emblemática da bossa nova e da Zona Sul carioca, e dois representantes dos redutos populares: Zé Kéti, de extração urbana, carioca e favelado, e João do Vale, nordestino e de origem pobre e rural. O espetáculo era concebido de forma a mesclar textos musicais e literários de maneira teatralizada. "Carcará", canção de João do Vale, com sua temática e musicalidade rascantes referenciadas a situações-limite do Nordeste, se encarrega de levar o tom político do espetáculo ao paroxismo. Foi este mesmo espetáculo que propiciou a entrada em cena de Maria Bethânia. A cantora, que se apresentava regularmente no Teatro Vila Velha em Salvador, foi chamada por Nara Leão para substituí-la. A entrada de Bethânia no palco interpretando "Carcará" foi impactante, graças ao carisma da cantora, construído principalmente a partir de suas qualidades inusitadas: uma grande força dramática, uma voz áspera e um tipo físico (alta, magérrima, nariz aquilino, cabelos crespos presos, como os de uma retirante nordestina) incongruentes com os modelos femininos convencionais, que ressaltam o ideal de doçura e os padrões ocidentais de beleza.

É também em 1964 que Nara Leão lança o LP *Opinião de Nara*, em que interpreta sambas de morro de Zé Kéti, músicas nordestinas de João do Vale e capoeiras do folclore baiano, além de canções de Baden e Vinicius. Ao gravar esse disco, Nara dá uma guinada em sua trajetória, trocando a imagem de musa e mentora da bossa nova, que abrigava os músicos da nova tendência em seu famoso apartamento de Copacabana, pela de cantora engajada. E ao assumir o papel de cantora-militante, Nara, em entrevistas à imprensa, faz uma espécie de autocrítica, ao se referir aos aspectos "alienados" da estética bossa-novista que, por meio de um lirismo subjetivista voltado para situações banais da Zona Sul do Rio de Janeiro, ignorava frontalmente as massas populares e seus dilemas.

Essa estética musical de cunho "participante", embora voltada para o nacional e o popular, mantém intacta a crença otimista no futuro que caracterizava a década anterior. Passa a ser comum, entre os compositores politicamente engajados ao longo da década de 60, o desenvolvimento de temáticas que sugerem uma redenção futura, fazendo uso de metáforas recorrentes sobre "caminhos" a serem percorridos ou guias que indicam o rumo a seguir. Ao recorrer a esse tipo de temática messiânica que apontava invariavelmente para "o dia que virá", a canção de protesto revelou com clareza o caráter utópico do projeto nacional-popular.

De modo geral, a geração que surge em meados dos anos 60 faz a sua aparição pública nos festivais da canção que têm início em 1965, com o I Festival de MPB de São Paulo, da TV Excelsior. A dupla Edu Lobo e Vinicius de Moraes ganha o primeiro lugar com "Arrastão", interpretado por Elis Regina. Esse evento marca o início do reconhecimento nacional, por parte do público, de Edu Lobo e Elis Regina. O II Festival da MPB de São Paulo, realizado no ano seguinte e patrocinado pela TV Record, projeta Chico Buarque e Geraldo Vandré, que dividem o primeiro lugar com suas composições "A banda" e "Disparada". Em 1967, o II Festival Internacional da Canção da TV Globo do Rio de Janeiro torna conhecida a figura de Milton Nascimento, cuja "Travessia" conquista o segundo lugar da fase brasileira. No mesmo ano, Edu Lobo vence o III Festival da TV Record com "Ponteio", em parceria com José Carlos Capinam. Os baianos Gilberto Gil e Caetano Veloso são lançados para um público mais amplo ao conquistarem respectivamente o segundo lugar (com "Domingo no parque") e o quarto (com "Alegria, alegria"). Em 1968, por ocasião do III FIC da

TV Globo, a canção "Sabiá", de Tom Jobim e Chico Buarque, vence a fase nacional (e posteriormente também a internacional), porém a predileta do público é "Pra não dizer que não falei de flores ou Caminhando", de Vandré, que se torna o hino não-oficial da oposição à ditadura militar. No mesmo ano, realiza-se em São Paulo o IV Festival de MPB da TV Record, em que Gal Costa conquista o terceiro lugar interpretando "Divino maravilhoso", de Caetano e Gil, numa encenação do "enterro do movimento tropicalista", segundo Caetano declarou à imprensa.

A geração que se lança nos festivais, representada por cancionistas como Chico Buarque de Hollanda, Edu Lobo, Milton Nascimento, Caetano Veloso e Gilberto Gil, retoma de fato as lições da bossa nova, embora também promova rupturas. Edu Lobo talvez seja um dos melhores exemplos de compositor da geração 60 que introduz no domínio da música popular uma gestualidade modernista. Não por acaso, Edu é visto por alguns críticos como uma figura fundante do construto MPB. Além de compositor, atua também como orquestrador, atividade para a qual se preparou durante dois anos nos Estados Unidos. E embora se considere um músico popular, Edu tem uma formação técnica raramente vista neste domínio, responsável em grande parte pela sofisticação de suas harmonias e arranjos. Aprecia um tipo de estética modernista mais exuberante, menos contida, como a de Ravel, Stravinsky, Bartók, Copland, Prokofiev — e, naturalmente, Villa-Lobos. Edu admite o impacto da "batida" do violão de João Gilberto sobre sua música, mas vê seu próprio trabalho como uma ramificação da bossa nova, já que, como outros músicos de sua geração, tende muito mais a misturar peças diferentes do repertório musical do que a lidar com um estilo claramente definido. É nesse sentido que Edu reconhece que sua formação musical foi fortemente marcada por Villa-Lobos, cuja flexibilidade lhe serviria de parâmetro para misturar a informação que tinha sobre música nordestina — já que, por questões familiares, passava as férias em Recife até os 18 anos, ouvindo de tudo, "coisas populares, frevos e o que vinha da rua" — com toda a escola harmônica que tinha aprendido com a bossa nova.

Chico Buarque de Hollanda é um outro bom exemplo de músico da geração pós-bossa nova que não só recupera a batida inaugurada por João Gilberto como adiciona a esse ritmo outros elementos do repertório musical brasileiro. Chico, em depoimento para esta pesquisa, afirma que, por volta dos 15 anos, ao ouvir pela primeira vez João Gilberto interpretando "Chega de saudade", converteu-se à bossa nova. Mas admite que, a despeito da atitude de ruptura inerente à bossa nova, ela não o teria impossibilitado de buscar novas fontes para suas composições, principalmente aquelas situadas no período de criação do chamado "samba tradicional". Segundo Chico, a ruptura total durou apenas três ou quatro anos; depois disso, alguns dos mais importantes nomes da bossa nova retornam a Noel Rosa, Cartola e Nelson Cavaquinho e passam a compor canções que já não podem se enquadrar na estética da bossa nova.

Se ampliamos, entretanto, o tema discutido para além do processo de composição, podemos analisar outros aspectos da bossa nova que influenciaram Chico Buarque — por exemplo, a maneira intimista de lidar com o palco, ao estilo de João Gilberto, recorrendo apenas ao banquinho e violão. Chico admite que essa estética se adequava à sua visão, já que ele nunca se viu como um "artista de palco", "com fantasias, máscaras, figurinos e movimentação de palco", mas apenas como um "autor de músicas no palco". Ao apresentar-se com a roupa que usa normalmente no cotidiano e ao cantar como se estivesse em casa, Chico registra a sua recusa de criar uma *persona.* Essa atitude, segundo ele, seria uma "reação de oposição absoluta à estética anterior, que era a estética do auditório de rádio, dos brilhos, do Cauby Peixoto, das grandes estrelas". A bossa nova, ao contrariar esse tipo de extroversão, criou um cenário diferente, com "artistas que não eram artistas e cantores que não eram cantores".

As sensibilidades de Chico Buarque e Edu Lobo parecem convergir para uma certa leitura da tradição.

Tanto um quanto o outro tendem, por exemplo, a valorizar e recuperar textos musicais legados pelo passado ou restritos a espaços geográficos específicos. Mais do que propriamente recorrer à citação, eles estruturam o seu trabalho a partir das informações colhidas após um longo período de escuta e análise. É como se o procedimento de ambos se ancorasse na idéia de "recriação", tão familiar às tendências modernistas que mencionaremos mais adiante.

Milton Nascimento e os demais integrantes do mineiro Clube da Esquina (Wagner Tiso, Fernando Brant, Toninho Horta, Beto Guedes, Tavinho Moura, Lô Borges e Márcio Borges, entre outros) compartilham com Chico Buarque e Edu Lobo, seus companheiros de geração, a predisposição de incorporar diferentes repertórios musicais às suas composições. Ao contrário de ambos, entretanto, Milton mistura o regional — no caso, mineiro — com informações universais divulgadas pela cultura de massa, do *rock* inglês ao *jazz* norte-americano e os boleros e outros ritmos hispânicos que ouvia no rádio quando menino. Milton e seus companheiros atualizam a preocupação bossa-novista de fundir ritmos regionais com o *jazz* de orientação mais sofisticada, buscando a criação de harmonias ricas e o desenvolvimento de práticas experimentais.

Milton cria então uma *persona* híbrida, constituída de elementos africanos (oriundos principalmente do universo do *jazz*) e brancos (provenientes da experiência mineira, com sua família de adoção e sua religiosidade católica, e das informações contraculturais trazidas pelos Beatles). Preto retinto, ao dosar estes diferentes elementos, desenvolve uma mulatice cultural. Tímido contumaz, cria no entanto uma atmosfera de estranhamento no palco, ao soltar a voz possante e extremamente afinada, ao recorrer a um figurino que não dispensa o *jeans* e o colete de couro sobre o peito nu e ao assumir o cabelo encarapinhado. Quanto ao Clube da Esquina, não foi propriamente um lugar, tampouco um movimento artístico; teria sido mais exatamente uma "comunidade" de jovens que se reuniam, por afinidades (como o culto à música, à poesia e ao cinema), em esquinas (como a da rua Paraisópolis com Divinópolis, no bairro de Santa Teresa), bares e outros recantos de Belo Horizonte. A carreira inicial de Milton é profundamente marcada pela colaboração dos membros do Clube, tanto em parcerias musicais e instrumentais quanto na troca profícua de idéias.

De maneira semelhante a Edu Lobo, Milton compartilha com Wagner Tiso um certo culto a Villa-Lobos, principalmente ao seu perfil de pesquisador de sons populares. No que toca a "Caicó", cantiga popular nordestina, os músicos mineiros inverteram o procedimento do músico modernista.

Villa, como costumava fazer com o "populário" musical, trabalhou essa cantiga numa transfiguração erudita; Milton e Wagner Tiso a retomaram a partir da transposição erudita de Villa-Lobos, retrabalhando-a num registro híbrido de informações populares.

Essa geração de músicos que surge no mundo artístico a partir de meados dos anos 60, representada por Edu Lobo, Chico Buarque, Milton Nascimento, Caetano Veloso e Gilberto Gil, entre outros, vive intensamente a transição operada nos campos político e cultural, bastante demarcada, no Brasil, pela promulgação do Ato Institutional nº 5 (instrumento jurídico acionado pelo governo militar em 13 de dezembro de 1968 que radicalizou o regime de exceção instaurado no país em 1964). Caetano Veloso e Gilberto Gil passam pelas experiências de prisão, em 1968, e posterior exílio em Londres, no ano seguinte.

Quanto a Chico Buarque, sua estréia como dramaturgo com a peça *Roda-viva*, em 1968, montada por José Celso Martinez Corrêa, rendeu-lhe vários dissabores com a polícia política e com os setores direitistas, que se mostravam bastante articulados à época. Depois dessa experiência no teatro e de sua atuação na Passeata dos Cem Mil, em 1968, Chico passou a ter problemas recorrentes com as autoridades militares, o que o levou a exilar-se em Roma por um ano.

1. Roberto Menescal e Silvinha Telles: na base da bossa. Agosto de 1957.

2. Carlos Lyra: samba-canção, lirismo bossa-nova e projetos políticos. 4 de novembro de 1962.

3. Nara Leão com toda bossa. 14 de agosto de 1965.

4. O "poeta e diplomata" Vinicius de Moraes, figura emblemática e paradoxal na ambiência bossa-novista. 25 de maio de 1967.

5. Edu Lobo e Marília Medaglia recebendo a "Viola de Ouro". Outubro de 1967.

6. Tom Jobim e Chico Buarque, em 8 de agosto de 1968, no III FIC da TV Globo. Premiação polêmica de "Sabiá".

7. Tropicália e suingue: Gilberto Gil, Jorge Ben e Caetano Veloso. 18 de maio de 1968.

8. Gal Costa, maio de 1969.
Figurino tropicália.

9. João Gilberto e Rita Lee:
encontro de estilos.

Tropicália

Diferentemente da bossa nova, a tropicália configurou-se como um movimento cultural, transcendendo os limites de questões meramente estéticas ou confinadas ao âmbito da canção popular. Havia uma predisposição, por parte dos músicos que inauguraram a tendência, de pensar criticamente a arte e a cultura brasileiras. Ao agirem desta forma, fizeram da canção popular o *locus* por excelência do debate entre diferentes linguagens: musicais, verbais e visuais. Explica-se, a partir desse procedimento, a participação no movimento de poetas (Torquato Neto e Capinam), músicos de formação erudita (Rogério Duprat e Júlio Medaglia) e de extração popular (Caetano Veloso, Gilberto Gil, Tom Zé e os Mutantes), e artistas plásticos (Rogério Duarte). E não se tratava apenas de uma articulação entre diferentes especialidades, pois Caetano Veloso e Gilberto Gil, os músicos que pensaram as bases da tropicália, orientavam-se por princípios mais gerais, sem se restringirem a meras questões de técnica musical.

Este aspecto da tropicália chama a atenção para um ponto paradoxal: o fato de se configurar como um movimento que rompe, ao mesmo tempo, com a própria concepção de "movimento". Esse argumento fica mais claro à medida que nos damos conta de que, ao contrário das vanguardas estéticas, as quais geralmente postulam a ruptura radical com a tradição, a tropicália adotou uma atitude incorporativa com relação a grande parte do repertório popular musical. Em outras palavras, no movimento tropicalista a tradição musical é valorizada, embora se faça um recorte diferente dos elementos culturais a serem utilizados.

Por um lado os tropicalistas comungam com os músicos de sua geração a idéia modernista de que o Brasil é rico culturalmente; por outro, estendem a concepção de "riqueza" ao que convencionalmente se via como esteticamente "pobre", como o rock estrangeiro de fruição fácil, o kitsch e, dentre o repertório musical nacional, tanto os boleros e os sambas-canções renegados pelos bossa-novistas pelo seus excessos musicais e sentimentais, quanto a então já instaurada tradição do iê-iê-iê brasileiro, que tinha Roberto Carlos como figura fundante. Amplia-se, portanto, a concepção de "riqueza cultural": além da criação mais "sofisticada", mesmo que produzida no registro popular, o esteticamente "pobre" também passa a ser precioso. A sofisticação aparece no processo de elaboração das músicas, nos arranjos meticulosos, nas performances, nas capas dos LPs — elementos que traem a influência das tendências progressistas do rock da época, como os Beatles dos LPs *Revolver* (1966) e *Sgt. Pepper's Lonely Hearts Club Band* (1967).

Os músicos tropicalistas, pois, na medida em que operam com a idéia de *inclusão*, procedem, tal como os músicos de sua geração anteriormente citados, à maneira modernista. Só que, diferentemente das estéticas de Chico Buarque e de Edu Lobo, por exemplo, que revelam uma sensibilidade mais próxima do pensamento musical de Mário de Andrade, as canções tropicalistas convergem com a poética de Oswald de Andrade. Em que sentido? Um primeiro argumento que poderíamos levantar refere-se ao tipo de relação (afetuosa) que Oswald estabelece com o passado e o presente culturais brasileiros, que o leva a tratar com "amor" e "humor" diferentes situações do cotidiano: urbanas e rurais, civilizadas e primitivas; nas próprias palavras de Oswald (no *Manifesto da poesia pau-brasil*, de 1924), seria o "melhor de nossa tradição lírica" e o "melhor de nossa tradição moderna".

Do mesmo modo, as importações culturais são utilizadas sem qualquer temor de descaracterização de uma suposta pureza nacional, já que a cultura brasileira é vista como rica e pujante o suficiente para deglutir tudo que possa vir de fora. Há muito em comum, por exemplo, entre os LPs *Sgt. Pepper* e *Tropicália ou Panis et circensis* (disco-manifesto do movimento tropicalista, de 1968). Além de abertos para repertórios não familiares a uma escuta convencional de música popular, ambos são conceituais, apresentando uma seqüência entre as faixas. A capa de *Tropicália* faz uma alusão direta à capa de *Sgt. Pepper,* do ano anterior.

Bricolagens de diversos fragmentos — ou temas — da realidade brasileira, os LPs *Tropicália* e *Caetano*

Veloso, ambos de 1968, operam com regionalismos e situações da vida urbana. Este tipo de procedimento não se dissocia do *comportamento*. Os tropicalistas assumem radicalmente o palco, através de diversas máscaras e coreografias. Tanto os baianos como os Beatles, em sua fase experimental, encarnam em suas *personas* o sincretismo que realizam entre os vários gêneros musicais. No caso dos baianos, há uma relação específica entre o novo tipo de trabalho e a imagem artística, do mesmo como música e letra, desde a concepção, mantêm entre si uma correspondência isomórfica. Também os arranjos interferem com o mesmo peso. Guitarras elétricas, provenientes do rock e do iê-iê-iê, convivem com a sonoridade kitsch dos violinos e o berimbau da música regionalista. Quanto a esse ponto, convém lembrar que o significado da guitarra elétrica não se esgota, para os tropicalistas, na mera questão de arranjo musical; é também uma atitude. A guitarra ajuda a compor o espetáculo de roupas coloridas, cabelos encaracolados e apresentação cênica movimentada e parodística, que se configura, para a época, como "excêntrico". Por outro lado, extraída do universo do rock e levada à cena tropicalista, a guitarra aparece como símbolo de movimento cultural.

O rock é também explicitamente assumido pelos tropicalistas ao incluírem, desde o início do movimento, os Mutantes e seus instrumentos elétricos em suas apresentações: Arnaldo Dias Batista (compositor, pianista e baixista), Sérgio Dias Batista (compositor, violonista e guitarrista) e Rita Lee (compositora, harpista e flautista). O idílio dos tropicalistas com os roqueiros de São Paulo começou com a participação destes na gravação de "Bom dia", música de Gilberto Gil e Nana Caymmi, de 1967. A partir dessa primeira experiência juntos, Gil os convida para o acompanharem em "Domingo no parque", classificada para o III Festival da MPB da Record, no mesmo ano. Caetano Veloso, no mesmo festival, concorre com "Alegria, alegria", também acompanhado por um conjunto de rock, os argentinos Beat Boys.

Os tropicalistas levam a intertextualidade — a prática de aludir, em suas canções, a outros textos poéticos ou musicais — às últimas conseqüências, tomando-a como próprio fundamento de seu projeto estético. Constroem seus textos musicais a partir de citações as mais diversas, provenientes de repertórios que não se limitam ao universo da canção popular. Por vezes utilizam elementos do lixo cultural, outras lançam mão de informações "elevadas", provenientes da poética erudita. De maneira semelhante, recorrem alternadamente à paródia e ao pastiche, ora questionando os elementos da tradição cultural, ora lidando carinhosamente com eles. A participação do maestro Rogério Duprat, com seus arranjos não-convencionais, dá o contorno metalingüístico de *Tropicália.* Em "Miserere nobis", de Gilberto Gil e Capinam, Duprat utiliza efeitos sonoros de tiro de canhão; em "Mamãe coragem", de Caetano Veloso e Torquato Neto, inclui sirenes. Em "Geléia geral", de Gil e Torquato, Duprat coloca uma citação musical de *O guarani*, de Carlos Gomes; em "Parque industrial", de Tom Zé, ouve-se o "Hino Nacional"; e em "Enquanto seu lobo não vem", de Caetano, há uma discreta citação da "Internacional", a canção oficial do movimento comunista.

Na composição "Tropicália" (incluída no LP *Caetano Veloso*, lançado alguns meses antes de *Tropicália*), todos os níveis se articulam, do kitsch — "o monumento é de papel crepom e prata" — à ironia — "e nos jardins os urubus passeiam a tarde inteira entre os girassóis" —, da celebração — "viva a bossa-sa-sa" — à crítica social — "e no joelho uma criança sorridente, feia e morta/ estende a mão". A orquestração e os arranjos acompanham fielmente o espírito da canção, oscilando do épico à batucada trivial do samba. "Paisagem útil", do mesmo LP, já cita, no próprio título a composição "Inútil paisagem", de Tom Jobim e Aloysio de Oliveira, de 1964. Ao clima melancólico de "Inútil paisagem", em que o sujeito lírico não vê sentido no céu e no mar sem a presença do ser amado, transformando o solar em *noir*, Caetano contrapõe um espírito aceso e vibrante — "Olhos abertos em vento/ sobre o espaço do Aterro" —, pronto a tomar os elementos da modernidade como naturais, como parte cristalizada da paisagem do Aterro do Flamengo: "Os automóveis parecem voar/ Mas já se acende e flutua/ No alto do céu uma lua/ Oval, vermelha e azul/ No alto do céu do Rio/ Uma lua oval da Esso/ Comove e ilumina o beijo/ Dos pobres tristes felizes/ Corações amantes do nosso Brasil."

O rock, porém, é apenas um entre toda uma variedade de elementos díspares. Os tropicalistas lançam mão dos mais diversos textos e — o que é mais importante — os trabalham através de um exercício de metalinguagem, através da paródia ou do pastiche. Mas mesmo valendo-se de procedimentos parodísticos e, portanto, críticos, não se trata de uma crítica corrosiva; a tradição costuma ser tratada com carinho. É carinhosa, por exemplo — e nada parodística — a atitude adotada com relação à bossa nova, principalmente ao seu mentor, João Gilberto. Em *Saudosismo*, canção-manifesto de 1969, Caetano proclama a retomada da linha dissonante inaugurada por João Gilberto, admitindo que os tropicalistas aprenderam "com João/ pra sempre a ser desafinados".

Ao contrário, entretanto, da bossa nova, que se orienta por um modelo de contenção, a tropicália recorre aos efeitos grandiosos, retomando inclusive uma tradição que, como vimos, foi renegada pelos músicos da bossa nova: os arranjos grandiosos de violinos e metais inaugurados por Radamés e Pixinguinha, o estilo operístico de Francisco Alves, o ufanismo de "Aquarela do Brasil" e as dores-de-cotovelo derramadas que datam dos anos 20 e atravessam os anos 40 e 50 no samba-canção. Da mesma forma, os tropicalistas ressuscitam Vicente Celestino, considerado à época o modelo do mau gosto, e Chacrinha. Este, associado ao grotesco, torna-se uma figura emblemática do movimento, saudado inclusive por Gilberto Gil na sua famosa canção de despedida, "Aquele abraço", de 1969. Duas tradições antagônicas foram então incorporadas num mesmo movimento: a do *despojamento*, vinculada à bossa nova, e a do *histrionismo* do repertório popular tradicional. Com a tropicália, os baianos inventaram uma nova relação com a *diferença*, assumindo uma postura afirmativa e comprometendo-se de modo indiferenciado com todos os aspectos captáveis do universo brasileiro, como o brega e o *cool*, o nacional e o estrangeiro, o erudito e o popular, o rural e o urbano e assim por diante.

A atitude tropicalista, portanto, rompe com o conceito de forma fechada — não existe uma fórmula de canção tropicalista, tal como uma fórmula de canção bossa nova ou de samba-enredo — incluindo indiscriminadamente os elementos dessas diversas formas fechadas, por vezes numa mesma canção. Em particular, o movimento faz questão de desconstruir a oposição mais fetichizada de todas, no período em que surge: a que se faz entre, de um lado, o "nacional" e "autêntico" e, de outro, o "alienígena" e "descaracterizador". No plano musical, o passo equivalente se dá aproveitando-se as coincidências rítmicas entre o rock e o baião, ambos em tempo binário fortemente marcado, com andamento rápido e relativamente pouco sincopado. Do mesmo modo, a tropicália se esforça por demolir outra oposição marcante: entre a linguagem acessível da música popular e a metalinguagem erudita da crítica (e da literatura). As canções de Caetano, Gil e seus companheiros de movimento trabalham, tanto no plano da música quanto no da letra, com elementos "baixos" e "elevados": a sofisticação harmônica, melódica e poética de "Clara" convivem com a singeleza irônica de "Baby"; e em "Alegria, alegria" uma letra que lança mão de recursos poéticos elaborados é acoplada a um iê-iê-iê fácil e despretensioso.

Assim como os tropicalistas anarquizaram os terrenos do popular e do nacional, impregnando-os de informações eruditas e estrangeiras, confundiram também as polaridades políticas. Esse tipo de postura tornou-se evidente através dos opositores por eles conquistados: à esquerda, como analisou Flora Süssekind (*Literatura e vida literária: polêmicas, diários e retratos*), "os estudantes" e, à direita, "os pais de família". Esse tipo de ambigüidade desenvolvida pelos baianos, ao tensionar as polaridades erudito/popular, autêntico/espúrio, nacional/estrangeiro, esquerda/direita, criando um antagonismo com o público mais ortodoxo (de direita e de esquerda), explica em grande medida o episódio protagonizado por Caetano Veloso no III FIC da TV Globo do Rio de Janeiro, em 1968. Durante a apresentação de sua canção "É proibido proibir", inspirada no espírito do maio de 68 em Paris, Caetano protesta contra a desclassificação da música "Questão de ordem", de Gilberto Gil, e recebe prolongadas vaias da platéia. Ele reage com um discurso veemente (acompanhado pelos Mutantes, que continuam tocando de costas para o auditório), comparando os estudantes de esquerda que o vaiam aos direitistas que espancaram os atores que trabalhavam em *Roda-viva* de Chico Buarque, e argumentando: "Se vocês em política forem como são em estética, estamos feitos!"

As atitudes anárquicas que Caetano e Gil assumiram, ambiguamente classificadas entre os campos da moral e da política, explicam, de certa forma, sua prisão em 27 de dezembro de 1968 e o exílio no ano seguinte. Os dois músicos excederam os limites de transgressão cultural ao se apresentarem junto com os Mutantes, em 1968, na Sucata, boate da Zona Sul do Rio de Janeiro. Vestidos com roupas de plástico verde e negro, entremeavam trechos do Hino Nacional em suas músicas, faziam coreografias deitados no chão e expunham um estandarte do artista plástico Hélio Oiticica com o rosto de Cara de Cavalo, bandido conhecido, com a inscrição "Seja marginal, seja herói". O espetáculo foi suspenso e a boate, de propriedade do empresário

Ricardo Amaral, fechada. Segundo Caetano, o episódio teria "terríveis conseqüências" a médio prazo. Obviamente, refere-se à sua prisão.

A efervescência tropicalista é então paralisada com a saída de Caetano e Gil da cena nacional. A despedida de Gil, com o irônico samba "Aquele abraço", provoca impacto. A canção foi mostrada ao público pela primeira vez no show de despedida dos compositores, em julho de 1969, no Teatro Vila Velha, em Salvador. "Aquele abraço" tornou-se o hino carnavalizado de toda uma geração que se sentiu oprimida pelo regime militar e por outros constrangimentos culturais.

Desenvolvendo o populário

O panorama da música popular dos anos 60, no Brasil, se distingue não só pela criação incessante de estilos musicais, tomando como base as experimentações rítmicas e harmônicas introduzidas pela bossa nova, como também pela adoção pelos músicos de uma nova atitude no processo de criação. Habitualmente restritos aos ambientes boêmios, onde recorriam aos objetos já folclorizados pelos relatos para comporem suas canções — como a caixa de fósforos para marcar o ritmo, e a toalha de papel para escrever a letra — os músicos populares começam a estender seu campo de atuação. Passam a dialogar com artistas de outras áreas, como a literatura, as artes plásticas, o cinema e o teatro, e a embaralhar as distinções normalmente aceitas entre "erudito" e "popular", "alto" e "baixo" e "instrumental" e "cantado", em termos de linguagens artísticas. Não se trata, naturalmente, da dissolução de fronteiras entre um domínio e outro, na medida em que as classificações erudito/popular se mantêm entre os músicos e o público. O que ocorre, mais exatamente, é o fenômeno da circulação das informações eruditas no terreno outrora reservado ao popular, o que provoca o tensionamento desse domínio.

As canções inaugurais da bossa nova marcam, por exemplo, um momento de intenso diálogo da música com a literatura, assim como informações musicais consideradas eruditas penetram o universo da canção. Vinicius de Moraes, por exemplo, "poeta e diplomata", como ele mesmo se autodefiniu no "Samba da bênção", composto em parceria com Baden Powell (1966), fez um percurso sem retorno da área nobre da poesia para o ambiente boêmio da música popular, alterando a sua condição de poeta para a de letrista, ou melhor, "poetinha", como era carinhosamente chamado nos redutos musicais.

Newton Mendonça, embora sempre tenha atuado no campo menos nobre da canção popular, criou letras não-convencionais que refletem a aspiração a uma estética moderna compartilhada por artistas de diferentes áreas, da poesia à arquitetura. E quanto a Tom Jobim, a despeito de anos de formação musical segundo os ditames eruditos, converte-se ao ofício de compositor e instrumentista popular. Assumindo a segunda vocação, Tom faz da música popular um campo de experimentos formais, o que o leva a desenvolver a harmonia de maneira singular, conseguindo criar canções exuberantes sem incorrer na vulgarização.

Apesar da qualidade literária atribuída às letras criadas a partir da bossa nova, os músicos pareciam se preocupar em preservar o estatuto próprio da letra de música. Esse tipo de cuidado se devia basicamente à valorização do trabalho do compositor, cuja maestria cada vez mais passou a ser medida por sua capacidade de promover a correspondência perfeita entre música e letra, observando atentamente os aspectos prosódicos da canção. Em outras palavras, pode-se afirmar que, para os cancionistas, uma composição musical bem realizada é aquela cujos componentes básicos — letra e música — convergem de tal modo que um e outro mantenham um mesmo espírito e uma mesma estruturação formal. Se este processo criativo já era observado por cancionistas anteriores a essa geração, como é o caso de Noel Rosa, foi a partir da bossa nova que ele se disseminou entre os músicos. E foi a partir desse momento que a canção popular se tornou um campo para onde convergiram as mais diversas linguagens, isto é, a canção se tornou *crítica*.

Passou-se então, no âmbito da canção popular, a recorrer a expedientes metalingüísticos, como a citação, a paródia e o pastiche, antes restritos à música erudita, às artes plásticas e à literatura em seus feitios modernos. É também a partir desse momento que os músicos populares começam a lidar com algumas questões muito próximas do projeto musical modernista que, no contexto dos anos 20 e 30, eram restritas à música erudita. Uma dessas questões refere-se ao ideal modernista de "recriação" do "populário" (termo cunhado por Mário de Andrade para se referir ao elemento popular não-contaminado pelo processo civilizatório).

Mário de Andrade aborda o tema do "desenvolvimento" do "populário" no *Ensaio sobre a música brasileira*, de 1928. Profundamente envolvido, à época, com a caracterização da identidade nacional, Mário propõe nesse ensaio que se promovam pesquisas históricas e etnográficas, visando a recolher peças do repertório musical — folclóricas ou de autoria conhecida — que revelariam, pela constância de características comuns, a inteireza da alma brasileira. Lidando com a categoria "música artística", isto é, produzida por um artista "interessado", comprometido com a problemática nacional, Mário prescreve o que fazer com os elementos pesquisados, que deveriam ser utilizados como ingredientes básicos para a criação de composições elaboradas no âmbito da experiência erudita.

Ao propor o desenvolvimento do "populário", Mário de Andrade assume uma posição universalista e prescreve o que deve ser feito com relação às informações estrangeiras, com as quais estaríamos familiarizados há muito tempo. No *Ensaio sobre a música brasileira* Mário aconselha: "A reação contra o que é estrangeiro deve ser feita espertalhonamente pela deformação e adaptação dele." Ele nos indica um caminho para a criatividade que, se não é o da mera cópia do exemplo externo, tampouco é o do isolamento cultural, pois um e outro nos levariam ao empobrecimento estético.

O segundo problema colocado por Mário — o isolamento cultural — tem a ver com os riscos que ele pressente num procedimento unilateral, capaz de tomar um único elemento étnico como configurador da identidade brasileira. Mário critica a tendência comum, segundo ele, a certas tendências "modernas" de se pensar o nacional a partir do "exótico". Em várias passagens do *Ensaio*, Mário retoma esse tema, criticando a postura daqueles que, "ciosos da curiosidade exterior", apelam para "sensações fortes, vatapá, jacaré, vitória-régia". Mário articula o projeto musical modernista brasileiro valorizando a cultura popular, embora dela requeira que saia de um estado bruto e venha a ser lapidada (ou desenvolvida). O elemento popular, nesse sentido, é submetido ao erudito, transformando-o em matriz para a criação de composições mais elaboradas, fora do âmbito das experiências populares. Assim,

Mário restringe o sentido de "música artística" ao domínio do erudito.

Oswald de Andrade compartilha com Mário a idéia de desenvolver o elemento popular, a despeito de várias discordâncias teóricas que surgem entre eles ao longo da década de 20 e dos anos subseqüentes. Por exemplo, a concepção universalista que Oswald defende no *Manifesto da poesia pau-brasil*, citado anteriormente, converge com a exposta por Mário no *Ensaio sobre a música brasileira*. Nesse *Manifesto*, Oswald contempla o aspecto da nossa singularidade através da metáfora da "floresta", ou do elemento primitivo. O padrão cultural que lhe interessa, no entanto, não prescinde da "escola", do "domínio da técnica" — enfim, dos elementos de modernidade compartilhados por diferentes indivíduos e nações. É a partir, portanto, dessa concepção que Oswald alerta para os perigos de se deixar em estado bruto o produto cultural autóctone, que tenderia a se estereotipar e a se converter em mero exotismo.

Essa idéia de "desenvolvimento" do popular teve prosseguimento nas décadas subseqüentes, ainda que repensada. O gesto modernista de se expressar — ou criar —, através da música, um idioma nacional teve continuidade com as gerações que se sucederam aos anos 20 e 30. Alguns músicos dos anos 40 e 50 continuaram a se preocupar com a utilização das informações veiculadas pela tradição popular, mas dessa vez sem o projeto de submetê-las a uma transfiguração erudita. Radamés Gnattali, citado no capítulo sobre a bossa nova, é uma figura emblemática desse tipo de procedimento, pois, apesar de sua formação musical clássica, aproxima-se cada vez mais da música popular, atuando como compositor, pianista, violista e arranjador. Dessa maneira, além de se tornar "criador" de música popular, compondo choros e outros gêneros, interfere na execução desse tipo de música, alterando-lhe o caráter com arranjos requintados. A partir dos anos 40, passa a estilizar o samba através do recurso à orquestra de cordas e a um tipo de harmonia proveniente da música erudita e do *jazz*.

Radamés atua, de certa forma, como mediador entre o popular e o erudito. E, assim agindo, torna-se também um "formador" de músicos que ousam, de forma radical, realizar experimentações no domínio popular, como é o caso de Tom Jobim. Ao contrário de Radamés, entretanto, que ao longo de sua vida alternará a criação de composições de concerto com a de choros e outros gêneros populares, Tom Jobim assumirá a condição de músico popular.

É justamente a partir do final dos anos 50 que se altera não apenas o processo de composição como também a recepção da música popular. Por um lado, cria-se um tipo de linguagem que coloca no mesmo plano os componentes musicais e literários sem que nenhum se sobreponha ao outro. Por outro, setores mais intelectualizados passam a se interessar pela canção, que se torna flexível o suficiente para absorver experimentações antes confinadas a outras linguagens.

Vivemos hoje uma situação muito diferente daquela em que Mário de Andrade formulou suas teses hierarquizantes. A música popular — ou, ao menos, uma parcela significativa dela, a que é por vezes singularizada como "MPB" — deixou de ser vista como um campo de pura diluição de informação estética para consumo indiscriminado. Ao tomar para si recursos formais elaborados no seio da "música artística" e da literatura, a canção popular, nas mãos de seus cultores mais exigentes, tornou-se, da bossa nova para cá, um dos lugares privilegiados para a atualização do projeto artístico moderno no âmbito da cultura brasileira.

Cronologia

1958 Lançamento do LP de Eliseth Cardoso *Canção do amor demais*, só com composições de Tom Jobim, contendo duas faixas — "Chega de saudade" e "Outra vez" — em que pela primeira vez João Gilberto mostra a nova batida que vai caracterizar a bossa nova; lançamento do 78 rpm de João Gilberto com "Chega de saudade" e "Bim-bom", o primeiro disco de bossa nova (Odeon).

1959 Ronaldo Bôscoli e Luís Carlos Miéle começam a realizar shows no Beco das Garrafas, em Copacabana; lançado o primeiro LP de bossa nova, *Chega de saudade*, de João Gilberto, com arranjos de Jobim (Odeon).

1961 Fundação, no Rio de Janeiro, do Centro Popular de Cultura (CPC) da União Nacional dos Estudantes (UNE).

1962 *Festival de bossa nova*: show de bossa nova no Carnegie Hall, Nova York, que projeta a nova música brasileira no exterior, com a participação, entre outros, de Tom, João Gilberto, Carlos Lyra, Milton Banana e Sérgio Ricardo.

1963 Lançamento do compacto *O povo canta* — contendo a "Canção do subdesenvolvido", de Carlos Lyra e Chico de Assis — sob o patrocínio do CPC da UNE, disco recolhido pela censura no ano seguinte; montagem, no Rio de Janeiro, da peça *Pobre menina rica*, com texto e letras de Vinicius de Moraes, música de Carlos Lyra, direção geral de Aloysio de Oliveira e direção musical de Eumir Deodato. O elenco contava com Carlos Lyra, Nara Leão, que estreou como cantora, e Vinicius de Moraes; Jorge Ben lança seu primeiro disco, com "Mas que nada" e "Por causa de você".

1964 Estréia do show *Opinião*, dirigido por Augusto Boal no Teatro Opinião, Rio de Janeiro, com Nara Leão (logo substituída por Maria Bethânia), Zé Kéti e João do Vale.

1965 I Festival de MPB de São Paulo, da TV Excelsior, vencido por "Arrastão", de Edu Lobo e Vinicius de Moraes, com interpretação de Elis Regina, que se torna nacionalmente famosa e lança pouco depois, com Jair Rodrigues, o LP *Dois na bossa*, recordista nacional de vendas.

1966 Lançamento do LP *Os afro-sambas*, de Baden Powell e Vinicius de Moraes; II Festival da MPB de São Paulo, agora patrocinado pela TV Record, projetando Chico Buarque e Geraldo Vandré, que dividem o primeiro lugar com suas composições "A banda" e "Disparada".

1967 II Festival Internacional da Canção (FIC) da TV Globo do Rio de Janeiro, que projeta Milton Nascimento, cuja "Travessia" conquista o segundo lugar da fase brasileira; III Festival da TV Record, vencido por Edu Lobo (primeiro lugar, com "Ponteio", em parceria com

José Carlos Capinam). Tornam-se nacionalmente conhecidos Gilberto Gil (segundo lugar, com "Domingo no parque") e Caetano Veloso (quarto lugar, com "Alegria, alegria").

1968 Lançamento dos LPs básicos do tropicalismo: *Caetano Veloso*, *Tropicália ou Panis et circensis* (disco-manifesto do movimento), *Gilberto Gil* e *Mutantes*; III FIC da TV Globo, em que a canção "Questão de ordem" de Gilberto Gil é desclassificada, levando Caetano Veloso a retirar do festival sua composição "É proibido proibir". A canção "Sabiá", de Tom Jobim e Chico Buarque, vence a fase nacional (e posteriormente também a internacional), porém a predileta do público é "Pra não dizer que não falei de flores ou Caminhando", de Vandré, que se torna o hino não-oficial da oposição à ditadura militar, sendo posteriormente proibida e obrigando seu autor a exilar-se.

1969 IV FIC da TV Globo, em que Paulinho Tapajós e Edmundo Souto, ao conquistarem o primeiro lugar nas fases nacional e internacional do festival com "Cantiga por Luciana", defendida por Evinha, recebem o troféu Galo de Ouro; Caetano e Gil, presos no final do ano anterior, partem em exílio para Londres.

Referências e fontes

Os relatos de Ruy Castro sobre a bossa nova em *Chega de saudade: a história e as histórias da bossa nova* (São Paulo, Companhia das Letras, 1991), assim como os de Nelson Motta em *Noites tropicais: solos, improvisos e memórias musicais* (Rio de Janeiro, Objetiva, 2000), foram muito utilizados na elaboração deste livro. Também foram fundamentais as informações sobre as trajetórias artísticas e as estéticas de Tom Jobim e Radamés Gnattali presentes em *Antonio Carlos Jobim — uma biografia*, de Sérgio Cabral (Rio de Janeiro, Lumiar, 1997), *O cancionista: composição de canções no Brasil*, de Luiz Tatit (São Paulo, Edusp, 1995) e *Radamés Gnattali*, de Carlos Didier (Rio de Janeiro, Brasiliana Produções, 1996). Alguns dados foram colhidos no artigo de Tárik de Souza "Bossa nova: o samba diferente que ganhou o mundo", no site Clique-Music (http://cliquemusica.com.br).

Informações importantes foram extraídas de *Verdade tropical*, de Caetano Veloso (São Paulo, Companhia das Letras, 1997).

Com relação à participação dos Mutantes na tropicália, recorri às informações de Carlos Calado em *A divina comédia dos Mutantes* (Rio de Janeiro, Editora 34, 1995).

As interpretações de Augusto de Campos e outros musicólogos e críticos musicais sobre a bossa nova e a tropicália em *Balanço da bossa*, organizado por Augusto de Campos (São Paulo, Perspectiva, 1968), em muito me ajudaram nas reflexões sobre os dois tipos de estética, assim como Celso Favaretto (*Tropicália: alegoria, alegria*. São Paulo, Kairós, 1979) e Flora Süssekind (*Literatura e vida literária: polêmicas, diários e retratos*. Rio de Janeiro, Zahar, 1985) me auxiliaram a pensar a tropicália.

Sobre o desenvolvimento do projeto construtivista no Brasil, nas artes plásticas, na arquitetura e na poesia, foram úteis as reflexões de Ronaldo Brito em *Neoconcretismo: vértice e ruptura do projeto construtivo brasileiro* (Funarte/Instituto Nacional de Artes Plásticas, 1985), e Italo Moriconi em "O pós-utópico: crítica do futuro e da razão imanente", artigo publicado na *Revista Tempo Brasileiro* (84:69/85, jan.-mar., 1986).

As informações e análises sobre a estética de Milton Nascimento e do Clube da Esquina me vieram, em grande parte, do livro de Márcio Borges *Os sonhos não envelhecem: histórias do Clube da Esquina* (São Paulo, Geração Editorial, 1996) e das conversas com Tatiana Bacal, estudiosa do assunto.

Realizei as análises dos projetos culturais modernistas a partir de dois textos básicos: o *Ensaio sobre a música brasileira*, que Mário de Andrade publicou em 1928 (São Paulo, Livraria Martins Editora, 1962) e o *Manifesto da poesia pau-brasil*, publicado por Oswald de Andrade em 1924 (in *Oswald de Andrade — Obras completas*. Rio de Janeiro, Civilização Brasileira, 1972).

Vários pesquisadores de Ciências Sociais se dedicam hoje ao tema da música popular, desenvolvendo suas teses e monografias sobre o assunto. Cito dois desses trabalhos, inéditos, a que recorri para pensar a canção engajada: "Canção de protesto — cultura, poder e história na música popular brasileira dos anos 60", monografia de Frederico Oliveira Coelho apresentada na UFRJ/IFCS em fevereiro de 1999; e "'Seguindo a canção': engajamento político e indústria cultural na trajetória da música popular brasileira (1959-1969)", de Marcos Francisco Napolitano De Eugênio, tese de doutorado desenvolvida junto ao Programa de História Social da FFLCH/USP e defendida em 1999. Outro trabalho inédito em que pesquisei foi "'Do samba eu não abro mão': Chico Buarque nos anos 60", monografia de final de curso de Maria Micaela Bissio Neiva Moreira apresentada ao Departamento de Sociologia e Política da PUC-Rio em julho de 1999.

Sugestões de escuta

Seguindo cada disco aparecem entre parênteses o nome da gravadora original e, após uma barra, o nome da gravadora da reedição em CD, quando consta no *Guia de MPB em CD*, de Antonio Carlos Miguel (Zahar, 2000).

1958 *Canção do amor demais*, de Eliseth Cardoso, com participação de João Gilberto e Antonio Carlos Jobim (Festa/Movieplay).

1959 *Chega de saudade*, de João Gilberto, com participação de Antonio Carlos Jobim (Odeon/EMI).

1960 *O amor, o sorriso e a flor*, de João Gilberto, com participação de Antonio Carlos Jobim (Odeon/EMI); *A bossa romântica de Sérgio Ricardo* (Odeon).

1963 *The composer of Desafinado plays*, de Antonio Carlos Jobim (Verve [EUA]/PolyGram); *Vinicius & Odete Lara* (Elenco/PolyGram); *Bossa, balança, balada*, de Sylvinha Telles (Elenco/PolyGram); *Samba esquema novo*, de Jorge Ben (Philips/PolyGram); *Um senhor talento*, de Sérgio Ricardo (Elenco/PolyGram); *O povo canta* (compacto duplo), com o Conjunto CPC, Nora Ney e outros, e músicas de Carlos Lyra, Chico de Assis, Billy Blanco, Rafael de Carvalho, Geny Marcondes e Augusto Boal (CPC da UNE).

1964 *Nara*, de Nara Leão (Elenco/PolyGram); *Opinião de Nara*, de Nara Leão (Elenco); *Wanda vagamente*, de Wanda Sá, com a participação de Dom Um Romão, Edson Machado, Luís Carlos Vinhas, Tenório Júnior e Sérgio Mendes (RGE).

1965 *Show Opinião*, com Nara Leão, João do Vale e Zé Keti (Elenco/PolyGram); *Vinicius e Caymmi no Zum-Zum com Quarteto em Cy e Oscar Castro Neves* (Forma); *Dois na bossa*, de Elis Regina e Jair Rodrigues (Philips); *A música de Edu Lobo por Edu Lobo*, com participação do Tamba Trio (Elenco/PolyGram); *Maria Bethânia*, com participação de Maria da Graça (Gal Costa) (RCA/BMG).

1966 *Os afro-sambas*, de Baden Powell e Vinicius de Moraes (Forma); *Chico Buarque de Hollanda* (RGE/RGE); *Domingo*, de Gal Costa e Caetano Veloso (Philips/PolyGram); *Elis*, de Elis Regina (Philips/PolyGram).

1967 *Wave*, de Antonio Carlos Jobim, com participação de Ron Carter e Dom Um Romão (A&M [EUA]/PolyGram); *À vontade*, de Baden Powell (Elenco/PolyGram); *Milton Nascimento*, com participação de Luiz Eça (Codil/Sony); *Edu Lobo e Maria Bethânia* (Elenco/PolyGram); *Chico Buarque de Hollanda, volume II* (RGE/RGE); *Louvação*, de Gilberto Gil (Philips/PolyGram).

1968 *Caetano Veloso*, de Caetano Veloso, com participação de Gal Costa, Musikantiga, RC-7 e Os Mutantes (Philips/PolyGram); *Tropicália ou Panis et circensis*, com Caetano Veloso, Gilberto Gil, Gal Costa, Nara Leão e Os Mutantes (Philips/PolyGram); *Gilberto Gil*, de Gilberto

Gil, com participação de Os Mutantes (Philips/PolyGram); *Os Mutantes* (Polydor/PolyGram); *Chico Buarque de Hollanda, volume III* (RGE/RGE); *Courage*, de Milton Nascimento, com participação de Herbie Hancock (A&M [EUA]/PolyGram); *Recital na Boite Barroco*, de Maria Bethânia (EMI-Odeon).

1969 *Caetano Veloso*, de Caetano Veloso, com participação de Gilberto Gil (Philips/PolyGram); *Gilberto Gil* (Philips/Polygram); *Gal Costa* (Philips/PolyGram).

Sugestões de leitura

Para quem se interessa pela discussão do kitsch aplicada ao caso brasileiro, recomendo *Samba-canção, fratura e paixão*, de Beatriz Borges (Rio de Janeiro, Codecri, 1982). Nesse livro a autora analisa as letras derramadas (a "mistura do sóbrio com o lamê") de Cartola, Nelson Cavaquinho, Lupicínio Rodrigues, Guilherme de Brito, Orestes Barbosa, Carlos Cachaça e Ismael Silva. Também sobre a ambiência do samba-canção, recomendo *Antônio Maria*, de Joaquim Ferreira dos Santos (Rio de Janeiro, Relume Dumará/Rio Arte, 1996).

Para quem deseja maiores informações sobre as questões que mobilizavam os artistas e intelectuais engajados politicamente nos anos 50 e 60, indico o livro de entrevistas realizadas por Jalusa Barcellos, intitulado *CPC — uma história de paixão e consciência* (Rio de Janeiro, IBAC/MINC/Nova Fronteira, 1994) e o artigo de Lúcia Lippi Oliveira "A redescoberta do Brasil nos anos 50: entre o projeto político e o rigor acadêmico", ainda inédito, mas a ser publicado brevemente em *Descobertas do Brasil: narrativas e imagens* (Brasília/Rio de Janeiro, UnB/Nova Fronteira, no prelo).

Para quem pretende se informar sobre a tropicália, proponho a leitura de *Geração em transe: memórias do tempo do tropicalismo*, de Luiz Carlos Maciel (Rio de Janeiro, Nova Fronteira, 1996, e *Tropicália: a história de uma revolução musical*, de Carlos Calado (São Paulo, Editora 34, 1997).

- Para quem se interessa pela discussão mais teórica sobre a complexidade da música popular desenvolvida no Brasil, indico o texto "Erudito/popular", de Lorenzo Mammi, publicado na revista *Novos Estudos CEBRAP* 34.

- Para quem quer informações mais detalhadas sobre a música no período modernista, sugiro a leitura de *Modernismo e música brasileira*, de Elizabeth Travassos (Rio de Janeiro, Zahar, 1999).

Agradecimentos

Este livro resulta de uma pesquisa que desenvolvo no Núcleo de Estudos Musicais do Centro de Estudos Sociais Aplicados (CESAP) da Universidade Candido Mendes desde março de 1998, com a ajuda de três pesquisadoras: Juliana de Mello Jabor, Maria Micaela Bissio Neiva Moreira e Thais Medeiros. Tenho contado também com a colaboração de Heloisa Tapajós e Kate Lyra, que participam das entrevistas e me auxiliam a entrar em contato com os músicos. Maria Isabel Mendes de Almeida tem atuado como interlocutora e amiga; transitamos juntas, desde algum tempo, as fronteiras dos mundos intelectual e afetivo. César Guimarães, com imensa generosidade, acompanha o nosso trabalho e nos dá instruções em *off* (como é do seu estilo) sobre vários tipos de assuntos. Paulo Henriques Britto me auxilia nas discussões sobre a música do período, do samba ao *rock*, do erudito ao popular. Vicente Saul Moreira dos Santos me passou textos importantes. Elizabeth Xavier leu os originais com cuidado, fazendo inúmeras correções e sugestões. Ricardo Benzaquen de Araújo, Heloísa Starling, Fernanda Peixoto, Lúcia Lippi Oliveira e Válter Sinder, entre outros colegas do grupo de trabalho Pensamento Social no Brasil, da Associação Nacional de Pós-graduação e Pesquisa em Ciências Sociais (Anpocs), mostraram-se receptivos para a discussão de várias questões aqui desenvolvidas. Agradeço a todos, assim como aos músicos representativos da canção popular dos anos 60 que, ao nos concederem entrevistas, em muito contribuíram para a elaboração deste livro: Carlos Lyra, Roberto Menescal, Luís Carlos Miéle, Paulo Sérgio Valle, Wanda Sá, Billy Blanco, Chico Feitosa, Marisa Gata Mansa, Alaíde Costa, João Donato, Sérgio Ricardo, Paulinho Tapajós, Edu Lobo e Chico Buarque.

Sobre a autora

Nasci em Boa Esperança (MG) em 1952, e desenvolvi, desde cedo, o gosto pela música popular. Em 1973 mudei-me para Brasília, onde morei por cinco anos e estudei Ciências Sociais na Universidade de Brasília (UnB). Em 1978 fui para o Rio de Janeiro e em 1983 ingressei no mestrado em Antropologia Social, no Museu Nacional (UFRJ). Em 1988 defendi dissertação de mestrado sobre a trajetória de Caetano Veloso. Iniciei o doutorado em Sociologia no Instituto Universitário de Pesquisas do Rio de Janeiro (Iuperj) no início dos anos 90, concluindo-o em 1997 com tese sobre modernismo e música popular, publicada no ano seguinte pela Editora da Fundação Getúlio Vargas sob o título *O violão azul: modernismo e música popular*. Atualmente coordeno o Núcleo de Estudos Musicais do Centro de Estudos Sociais Aplicados da Universidade Candido Mendes e leciono no Departamento de Sociologia e Política da PUC-Rio.

---

* Santuza Cambraia Naves faleceu em 2012. (N.E.)

Coleção Descobrindo o Brasil

direção: Celso Castro

A modernização da imprensa (1970-2000)
Alzira Alves de Abreu

O Brasil no império português
Janaina Amado e Luiz Figueiredo

Os intelectuais da educação
Helena Bomeny

A era do rádio
Lia Calabre

A invenção do Exército brasileiro
A proclamação da República
Celso Castro

O Estado Novo
Maria Celina D'Araujo

A belle époque amazônica
Ana Maria Daou

O livro e a leitura no Brasil
Alessandra El Far

O pensamento nacionalista autoritário
Boris Fausto

Os índios antes do Brasil
Carlos Fausto

Os brasileiros e a Segunda Guerra Mundial
Francisco César Ferraz

Rebeliões no Brasil Colônia
Luciano Figueiredo

Palmares, ontem e hoje
Pedro P. Funari e Aline V. Carvalho

A arte rupestre no Brasil
Sambaqui: arqueologia do litoral brasileiro
Madu Gaspar

As formas do espaço brasileiro
Pedro Geiger

Cidadania e direitos do trabalho
Angela de Castro Gomes

Negros e política (1888-1937)
Flávio Gomes

Código Civil e cidadania
Keila Grinberg

Como falam os brasileiros
Yonne Leite e Dinah Callou

Uma viagem com Debret
Valéria Lima

O nascimento da imprensa brasileira
Isabel Lustosa

Escravidão e cidadania no Brasil monárquico
Hebe Maria Mattos

Os evangélicos
Clara Mafra

O sindicalismo brasileiro após 1930
Marcelo Badaró Mattos

O período das Regências (1831-1840)
Marco Morel

Da Bossa Nova à Tropicália
Santuza Cambraia Naves

Arqueologia da Amazônia
Eduardo Góes Neves

História do voto no Brasil
Jairo Nicolau

O Brasil dos imigrantes
Lucia Lippi Oliveira

Política externa brasileira
Leticia Pinheiro

Ditadura militar, esquerdas e sociedade
Daniel Aarão Reis

A Independência do Brasil
Iara Lis C. Souza

Partidos políticos no Brasil (1945-2000)
Rogerio Schmitt

O Império em procissão
Lilia Moritz Schwarcz

Modernismo e música brasileira
Elizabeth Travassos Lins

A fotografia no Império
Pedro Karp Vasquez

Brasil de todos os santos
Ronaldo Vainfas e Juliana Souza